IM BLUMENHIMMEL
VON SOPHIE REINHEIMER

Lappan

Im Blumenhimmel läuten die Glocken.
„Was ist?" fragt Blumenenglein erschrocken.
„Trat man schon wieder ein Blümchen tot
und brachte den Blumen große Not?"
Bim bam! Bim bam! Bim bam!

Da klopft es schon ans Himmelstor.
Ein Rosenmütterchen steht davor,
zwei kleine Knospen auf den Armen,
sie sehen aus — zum Gotterbarmen!
Gleich sind zwei Lilienengel gekommen,
haben sie mit in den Himmel genommen.
„Rosenmutter — was klagst du?
Rosenmutter — was sagst du?"
Da hat die Rose traurig genickt
und auf die jungen Knospen geblickt.
„Man schnitt mich ab vom Rosenstock,
weil allzu schön mein rosa Rock.
Daß ich zwei kleine Schwestern hab,
die mir der Herrgott zum Hüten gab,
das war ganz einerlei.
Man schnitt uns alle drei.

Die Knospen hauchen betrübt:
„Wir hätten so gern noch geblüht
und Frühling, Sonne und Welt gesehen,
wollten im Blumengarten stehen.
Aber da half kein Bitten,
wir wurden abgeschnitten.

Nun sind wir matt und sterbenskrank
und bitten um den Himmelstrank."
Schon läuft das Rosenengelein
mit Himmelstau herbei,
gibt ihnen schnell zu trinken
und herzt sie alle drei.

Auch andere Engel kosen
und baden und duschen die Rosen.
Da blühn sie auf in neuem Duft,
stehn aufrecht in der Himmelsluft,
bekommen einen goldnen Schein
und sind nun „Rosenengelein"!
Bim bam!   Bim bam!   Bim bam!

Und während dieses so geschah
und niemand nach der Pforte sah,
Maßliebchen vor dem Tore weint,
weil ihm der Himmel verschlossen scheint.
Der Glockenengel läutet hell
bim bam!   Bim bam!   Bim bam!
Jetzt laufen viele Englein schnell,
nehmen Maßliebchen an der Hand
und führen es ins Himmelsland.
Sie fragen: „Wie schaust du denn aus?
Es guckt ja dein Hemdenzipfelchen 'raus!"

„Ach — soll ich wirklich sagen,
was mich so schwer bedrückt?
Mein strahlend weißes Röckchen
hat man mir ganz zerpflückt!
Sie rissen von der Wiese mich,
man sprach zu mir: er liebet dich
von Herzen.

Wie konnte da der Schmetterling
mich häßliches, mich armes Ding
noch über die Maßen lieben?
Er sah sich gar nicht nach mir um,
flog hin und küßt' die Butterblum
und ist bei ihr geblieben!"

Bim bam!   Bim bam!   Bim bam!
Schon wieder läutet die Glocke.
In schäbig braunem Rocke
kommt diesmal auf zwei Krücken,
gestützt nach Krüppelart,
ein Kaktus angewackelt
mit stachlig hartem Bart.
Fängt gleich an zu rumoren:
„Die Menschen sind doch Toren!
Verpflanzen mich aus fernem Land
aus glühend weißem Wüstensand,
wo man kein Wasser kennt,
wo nur die Sonne brennt,
in einen feuchten Topf.
Dann macht der Heinz, der Tropf —
ach, Engel, staunet nur —
mit mir die Badekur!
Kalt Wasser — nicht zu sagen!
Es stieg mir bis zum Kragen.
Ich kann's doch nicht vertragen!
Es schlägt mir auf den Magen.

So mußte ich ersaufen
und in den Himmel laufen."
Bim bam! Bim bam! Bim bam!

Der Kaktus poltert mit dem Stecken, tragen ihn sanft zum wärmsten Ort.
daß alle Englein sehr erschrecken. Ein Sandgrasengel ihn geleitet,
Sie nehmen ihm die Krücken fort, ein warmes Sandbad ihm bereitet.

Ha! wie mollig er drin steckt!
Der Kaktus lacht mit Wohlbehagen:
„So läßt der Himmel sich ertragen!"

Bim bam! Bim bam! Bim bam!
Die Engel schauen zum Tor hinaus.
„Das sieht ja wie ein Reigen aus!
Die Blumenkinder Hand in Hand
reisen her aus dem Erdenland.
Wie bleich sie sind! Hängen die Köpfchen.
Verdursten fast! Bringt schnell ein Tröpfchen!"

Als nun die Blümchen den Tau getrunken,
sind sie auf die Erde hingesunken.
Haben schwach und dankbar gelächelt,
sich mit den Blättern zugefächelt,
haben gegähnt, sich noch lange bedacht
und dann erst die Mündchen aufgemacht.
Nicht alle auf einmal, o nein!
Erst zu zwein und dann zu drein.
Viel konnte keines mehr schwätzen;
nur mühsam in kurzen Sätzen
gaben sie ihre Geschichte kund.
Langsam nur kam es aus ihrem Mund:
„Man hat uns auf der Wiese gepflückt,
man war von uns erst ganz entzückt,
man hat gebunden uns zum Kranz
und auf den Kopf gesetzt zum Tanz."

„Man hat uns mit nach Haus genommen."
„Das ist uns aber nicht bekommen!"
„Man legt uns auf ein Tellerlein,
zu wenig Wasser ging hinein."
„Schnell haben wir die Tropfen verschluckt!"
„Und dann den leeren Teller beguckt."

Die Engel stehn noch ganz betroffen,
im Auge Tränen, das Mündchen offen.
Da trippelt es leise vor dem Tor.
Wer kommt denn jetzt aus den Wolken hervor?
Plötzlich steht vor ihnen ein Grüppchen
von ganz wundersamen Püppchen.
Püppchen, so zierlich und so nett,
als kämen sie eben vom Ballett.

Kornblumenengel denkt für sich:
Die kommen aus dem Feld wie ich.
An der Nasenspitze
seh ich's ihnen an!
Auf von seinem Sitze
springt der Engel dann:
Püppchen, ich kenn euch am Röckchen rot!
Püppchen, ihr seid in großer Not!
Wir waren Nachbarn; drum sagt mir an:
Was hat man euch zuleide getan?"
Da scharen sich alle ums Engelein,
da fangen sie alle an zu schrein:
„Du kennst uns? Du kennst uns?
Wie gut! Wie gut!
Ja: unsre Röcke
so rot wie Blut,
wir hielten sie über den Kopf geschlagen,
als Bauersfrau haben wir sie getragen.

Wir haben geschafft bei Tag und Nacht,
um unsern Mohn zu bauen,
und höchstens mal ein Schwätzchen gemacht
mit andern Bauersfrauen.

Da kamen zwei Kinder aus der Stadt,
O weh! O weh! O weh!
Wie man uns da verwandelt hat
vom Scheitel bis zur Zeh!

Wir schämen uns so gräßlich!
Zierpuppen sind so häßlich!
Als man das Puppenspiel dann satt,
da ließ man uns am Wege matt,
verwelkt, umschwärmt von Fliegen
in heißer Sonne liegen.
Bim bam! Bim bam! Bim bam!

Bim bam! Bim bam! Bim bam!
Die Englein springen in einem fort,
und trösten hier und trösten dort.

Sie eilen, dem Klappertopfengel zu sagen,
er dürfe nicht laut mit den Töpfen schlagen!

Dann binden sie an die Küchenschelle, und schleppen die Kissen aus Federnelken,
damit sie läute nicht gar so helle, und betten die Blümlein hinein, die welken,

und decken mit Wollgrasdecken sie zu
und wünschen ihnen recht gute Ruh.

Endlich, nachdem fein alles bestellt,
wird noch die Himmelskammer erhellt.
Das Königskerzenengelskind
bringt große Kerzen her geschwind.

Wenn nun in der Nacht
krank Blümchen erwacht,
dann schaut es das trauliche, goldne Licht
und fürchtet sich ganz sicher nicht!

Wie nun die Lichtlein so freundlich blinken
und durch die himmlischen Guckfenster winken,
bim bam!   Bim bam!   Bim bam!
Da klopft es noch einmal ans Himmelstor.
Nachtschattenengel huschen hervor,
sie legen den Finger gleich auf den Mund:
„Pst! Pst! Es ist schon die nächtliche Stund!"
„Die Blumen schlafen. Erzähl uns ganz leise,
was trieb so spät dich noch auf die Reise?"

Ein Jüngferchen, ach, so vergrämt,
tritt vor und tut ganz verschämt.
Will die Löcher im Kleide verdecken,
ist fast dürr und geht auch am Stecken.

Hat Glieder wie Glas,
ist zart zum Zerbrechen
und kraut sich am Kopf
und wagt kaum zu sprechen.

„Ich heiße die fleißige Liese.
Nie lief ich fort auf die Wiese!
Blieb immer im Zimmer stehen,
hab nur durch die Fenster gesehen.
Und wie ich mich immer bemühte!
Fast jeden Tag eine Blüte
hab ich getrieben aufs neue,
damit ich die Menschen erfreue,
bis ach diese Bande — o Schrecken —
heraufkroch am Blumentopfstecken!"
„Erzähl: Welche Bande, mein Kind?"
fragen die Engel geschwind.

„Ach, diese gräßlichen Läuschen!
Sie brachten mich ganz aus dem Häuschen!
Sie saugten den Saft mir aus Stengel und Blatt.
sie fraßen und saugten und wurden nie satt.
Sie machten mich krank und lahm und krumm,
bald lief ich als Hutzelweibchen herum.
Die Menschen in dem Zimmer,
die haben es alle gesehen.

Mir ging es immer schlimmer,
und doch ist nichts geschehen!
Kein einziger gab sich die Mühe
und wusch mich mit der Tabakbrühe.
Die hätte die Läuschen vertrieben!
So sind immer mehr geblieben.
Ach bitte, bitte, ihr Englein fein,
laßt mich noch schnell in den Himmel hinein!"

Ganz sanft wird Liese ins Bettchen gebracht,
Traumengel wäscht sie und sagt „gute Nacht".
Als alle Blümlein schlafen in Ruh,
schließt er den Blumenhimmel zu.